Aristote KALENGA KALAMBAY

QUE CHACUN SE CHARGE DE SA CROIX

Aristote KALENGA KALAMBAY

QUE CHACUN SE CHARGE DE SA CROIX

Luc 9:23

Éditions Croix du Salut

Imprint
Any brand names and product names mentioned in this book are subject to trademark, brand or patent protection and are trademarks or registered trademarks of their respective holders. The use of brand names, product names, common names, trade names, product descriptions etc. even without a particular marking in this work is in no way to be construed to mean that such names may be regarded as unrestricted in respect of trademark and brand protection legislation and could thus be used by anyone.

Cover image: www.ingimage.com

Publisher:
Éditions Croix du Salut
is a trademark of
Dodo Books Indian Ocean Ltd. and OmniScriptum S.R.L publishing group

120 High Road, East Finchley, London, N2 9ED, United Kingdom
Str. Armeneasca 28/1, office 1, Chisinau MD-2012, Republic of Moldova, Europe
Printed at: see last page
ISBN: 978-620-3-84547-1

Que chacun se charge de sa croix
(Luc 9.23)

PRÉSENTATION DE L'AUTEUR

Je vous salue très cordialement cher lecteur et lectrice dans le précieux nom de notre seigneur Jésus-Christ.
Ephésiens 1.2-4 *« que la grâce et la paix vous soient données de la part de Dieu notre père et du seigneur jésus christ ,béni soit Dieu ,le père de notre seigneur jésus christ, qui nous à bénis de toute sortes de bénédictions spirituelles dans les lieux célestes en christ ! En lui Dieu nous à élus avant la fondation du monde, pour que nous soyons saints et irrépréhensible devant lui. »*

Je suis Aristote kalenga kalambay simple frère en christ, jeune, actif et fervent, j'ai donné ma vie à Dieu depuis mes 16ans.
Mon amour pour les saintes écritures a fait de moi un sacrificateur apocalypse 1.6 ; l'amour du prochain en moi m'a poussé à exhorter les membres de ma famille Matthieu 12.49-50 *« puis, étendant la main sur ses disciples, il dit voici ma mère et me frères, car qui fait la volonté de mon père qui est dans les cieux, celui-là est mon père et ma sœur, et ma mère ».*
Et donc je suis ressortissant de l'école de Jésus-Christ, l'auteur et souverain de sa propre parole, je détiens personnellement et secrètement son approbation.

Partout où il y a un vide lisez que Jésus-Christ vous aime et dans son amour moi aussi je vous aime.

REMERCIEMENTS

Au seigneur Jésus-Christ, Dieu d'Abraham, d'Isaac et de Jacob, pour son amour et sa grâce.

A mes parents Freddy kalala kalambay et Célestine biata kayowa pour leur amour et leurs enseignements à suivre sur chemin de la croix.

A mon frère Jean-Luc kalombo kalambayi et ma sœur Hillary mbiya kalambay pour leurs soutiens et encouragements.

A mon pasteur Timothée ndambo du tabernacle chrétien de l'ozone pour son dévouement à la prédication de la parole de vérité.

A mon ami Osée cidibi mutshipayi pour son indéfectible soutien.

A vous tous que je n'ai pas pu citer, je reconnais votre implication.

A monsieur Alex Mbotula, l'écrivain polyvalent pour ses orientations à l'aboutissement de publication de la présente œuvre.

PREAMBULE

Lorsque nous acceptons Jésus-Christ comme seigneur et sauveur ceci et en amont une joie incommensurable et en même temps une responsabilité en aval ;
Exactement comme au cours de notre vie ; Après chaque évènement heureux que nous rencontrons dans la vie vient une responsabilité ou un devoir à assumer.
Lorsque nous finissons nos études, c'est une joie mais juste après vient le devoir de s'assumer et se prendre en charge.
Lorsque nous trouvons un travail c'est une joie mais juste après vient la responsabilité d'assumer le poste avec compétence.
Lorsque nous nous marions c'est une joie mais juste vient le devoir de prendre la charge du mariage.
Lorsque nous avons un bébé en famille c'est une joie mais juste après vient le devoir de subvenir aux besoins de celui-ci.
Et ainsi va la vie, derrière une joie immense se cache une immense responsabilité, plus la joie et grande est la responsabilité.
Dans ce monde pour un chrétien il n'y pas de joie comparable que lorsque on donne sa vie à Dieu et donc il n'y pas de responsabilité plus immense que d'être fils ou fille de Dieu.
Voilà pourquoi la bible nous rappelle cette charge quotidienne de chaque temps, et chaque lieu. Luc 9.23 *« puis il dit à tous : si quelqu'un veut venir après moi, qu'il renonce à lui-même, qu'il se charge chaque jour de sa croix, et qu'il me suive »*, Matthieu 16.24, marc 8.34.
La venue de Dieu est imminente occupons-nous des affaires du père exactement comme le fait les païens dans les sectes et la Franc-maçonnerie envers leur dieu, peu importe nos devoirs humaines, nos responsabilités quotidiennes, nos divertissements et autres ; rien ne devrait prendre la première place ou perturber notre relation d'avec christ.

Dans une famille ,lorsqu'un membre se comporte mal ou il commet une grosse erreur ,celui-ci est diminué des valeurs, la seule façon pour lui de retrouver sa valeur, pour ainsi exercer ses droits et peut-être même son autorité c'est de reconnaitre sa faute ou ses erreurs, s'en repentir, puis rependre à la mille feux ses responsabilités avec confiance et sincérité, et faire de son mieux pour ne plus retomber dans la même chose.

Ce livre nous rappelle donc notre position par rapport à la parole, notre engagement de chrétien, il nous amène à prendre ou reprendre notre responsabilité(droit),pour être afin considéré à son juste statut.

1. LA VIE CHRETIENNE ET SES ATTRIBUTS

A. L'AMOUR

Jean 17.26 « *je leur ai fait connaitre ton nom, et je le leur ferai connaitre, afin que l'amour dont tu m'as aimé soit en eux, et que je sois en eux* »

L'amour est un sentiment intense et agréable qui incite les êtres vivant à s'unir, cet amour existe depuis toujours sous deux dimensions ;

L'amour philéo c'est l'amour que nous pouvons ressentir pour notre prochain, c'est un amour jugé affectif ; nous voyons l'amour qu'un homme récent pour sa femme et vice versa , mais aussi l'amour qu'une mère ressent pour son enfant...

Ensuite il y'a l'amour agapao c'est l'amour de Dieu, l'amour divin ; Puisque Dieu est amour au canal du Saint-Esprit il fait de nous une partie de lui, son attribut à part entière.

C'est deux type d'amour sont très important car tout celui qui est amoureux voit au-delà de l'imperfection, l'amour philéo nous permet de vivre très bien avec nos proches dans de circonférence bien déterminée, c'est une identification pour toute personne normale, mais ce n'est pas une identification pour un chrétien car un chrétien n'a pas un champ limité des personnes qu'il doit aimer. Matthieu 5.46-48 « *si vous aimez ceux qui vous aiment, quelle récompense méritez-vous ?les publicains aussi n'agissent-ils pas de même ? Et si vous saluez seulement vos frères, que faites-vous d'extraordinaire ? Les païens aussi n'agissent-ils pas de même ? Soyez donc parfaits, comme votre père céleste est parfait.* ». cela nous renvoi à dire donc que l'amour philéo n'est pas parfait or un chrétien court vers la perfection, donc un chrétien doit avoir l'amour agapao tout en minimisant l'amour imparfait ; l'amour affectif ou philéo peut pousser une mère à donner sa vie pour son enfant, cette même mère par le même amour peut tuer une personne qui a ôté la vie à ce même enfant ;cet amour peut également pousser un homme à tuer sa femme pour infidélité, et ensuite le pousser à se suicider ;l'amour philéo pousse certain politicien à penser aux siens et à oublier le peuple. Romains 13.10 « *l'amour ne fait point du mal à son prochain, l'amour est donc l 'accomplissement de la loi* »

Actes 5.1-10 « *mais un homme nommé ananias, avec saphira sa femme, vendit une propriété, et retint une partie du prix, sa femme le sachant; puis il apporta le reste, et le déposa aux pieds des apôtres. Pierre lui dit: ananias, pourquoi Satan a-t-il rempli ton cœur, au point que tu mentes au Saint-Esprit, et que tu aies retenu une partie du prix du champ ? S'il n'eût pas été vendu, ne te restait-il pas? Et, après qu'il a été vendu, le prix n'était-il pas à ta disposition? Comment as-tu pu mettre en ton cœur pareil dessein? Ce n'est pas à des hommes que tu as menti, mais à Dieu. ananias, entendant ces paroles, tomba et expira. Une grande crainte saisit tous les auditeurs. Les jeunes gens, s'étant levés, l'enveloppèrent, l'emportèrent, et l'ensevelirent. Environ trois heures plus tard, sa femme entra, sans savoir ce qui était arrivé, pierre lui adressa la parole: dis-moi est-ce à ce prix que vous avez vendu le champ? Oui répondit-elle, c'est à ce prix-là. Alors pierre lui dit: comment vous êtes-vous accordés pour tenter l'esprit du seigneur? Voici, ceux qui ont enseveli ton mari sont à la porte, et t'emporteront. Au même instant, elle tomba aux pieds de l'apôtre, et expira. Les jeunes gens tant entrés, la trouvèrent morte, ils l'emportèrent, et l'ensevelirent auprès de son mari.* » Et l'amour philéo est un amour accompagné des petites jalousies, des petits intérêts, des petites haines, injustices...Ce qui a poussé ananias à mentir c'était son intérêt pourtant il avait pleinement le droit car c'était sa propriété qu'il avait vendu. Puisque ils sont morts cela veut dire que l'amour dont la bible parle n'est pas cette forme d'amour ou plutôt l'amour philéo.

L'amour agapao par contre nous permet de vivre très bien avec tout le monde dans une circonférence illimité, c'est-à-dire ne faisant acception de personne, ni la race, ni la classe, ni la vie, ni le comportement, ni l'appartenance,...n'influent sur cette amour ;cet amour n'existe que chez les chrétiens véritables, c'est un attribut que christ nous donne en héritage, pour nous distinguer d'avec ceux du monde.

C'est l'amour de Dieu en nous, c'est même l'identification majeur d'un chrétien, l'amour résume toute la parole de Dieu, c'est l'attribut idéal et impératif à trouver dans un chrétien. Romains 13.8-10 « *ne devez rien à personne, si ce n'est de vous aimer les uns les autres, car celui qui aime les autres a accompli la loi. En effet, les commandements : tu ne commettras point d'adultère, tu ne tueras point, tu ne déroberas point, tu ne convoiteras point et ceux qu'il peut encore y avoir, se résument dans cette parole : tu aimeras ton prochain comme toi-même. L'amour ne fait point de mal au prochain : l'amour est donc l'accomplissement de la loi* » et galates 5.14 « *car toute la loi est accomplie dans une seule parole, dans celle-ci : tu aimeras ton prochain comme toi-même*»

L'amour de Dieu nous pousse à aimer automatiquement notre prochain sans distinction de races et classe. Souvent nous avons raison de détester, notre voisin, notre cousin...c'est normale nous-avons peut-être raison de le faire, mais l'amour divin ne point en nous ou plutôt l'identification du christ n'est pas encore en nous. Dieu a créé des gens, chacun avec ses vices et qualités faisant une particularité afin qu'il ait équilibre dans le monde, de quel droit nous nous permettons de détester ce que Dieu a créé alors que chaque chose, chaque humain, accompli sa mission comme nous accomplissons la nôtre.

L'amour divin c'est aimer ce qui n'est pas aimable, c'est aimer celui qui nous déteste et persécute. Aimons notre voisin, notre belle mère, notre belle-sœur, notre collègue de travail, notre adversaire, Le seigneur nous a aimés, alors que nous étions ennemis de sa parole. Nous sommes des pèlerins sur cette terre bons ou mauvais plus tard nous ne serons plus de ce monde, Dieu a donné aux chrétiens l'amour comme arme pour combattre le monde; et au non-croyants il a donné la haine la jalousie, la colère,...comme arme pour combattre les justes, Chacune de nos actions détermine quelle arme on utilise, l'arme qu'on utilise détermine qui ont est.

Si la bible nous recommande dans Matthieu 5.44 d'aimer nos ennemis c'est parce que elle sait que nos ennemis nous haïssent et nous ne pouvons pas nous combattre en utilisant les mêmes armes, Comme un fils ou une fille du diable ne peut utiliser l'amour pour agir envers son prochain, pareillement un fils ou une fille de Dieu ne peut utiliser la haine ou quelque chose de semblable envers son prochain.

L'amour divin c'est un bouclier pour un chrétien, l'amour est une clé de voûte, c'est la clé du pouvoir dominant qui domine sur tous les pouvoirs de la terre ; c'est l'arme la plus fatale, et aucune arme au monde ne peut l'égaler, l'amour déplace les montagnes et change des situations, l'amour nous fait expérimenter l'impossible, l'amour a fait bouger Dieu sur son trône et celui-ci nous donna son fils en sacrifice jean 3.16 « *car Dieu a tant aimé le monde qu'il a donné son fils unique, afin que quiconque croit en lui ne périsse point, mais qu'il ait la vie éternelle* » Faisons de même car nous notre façon de mourir pour notre prochain, c'est le supporter jusqu'à N fois, Matthieu 18.21. Tout en conjuguant pour celui-ci le verbe, redresser, orienter, conseiller.... Telle est notre façon de mourir pour notre prochain.

Tout celui qui prétend être chrétiens mais manque d'amour divin est loin de Dieu et loin du ciel 1cor 13.1-3 (version la bible du semeur)

« *En effet, supposons que je parle les langues des hommes et même celles des anges: si je n'ai pas l'amour, je ne suis rien de plus qu'une trompette claironnante ou une cymbale bruyante. Supposons que j'aie le don de prophétie, que je comprenne tous les mystères et que je possède toute la connaissance; supposons même que j'aie, dans toute sa plénitude, la foi qui peut transporter les montagnes: si je n'ai pas l'amour, je ne suis rien.si même je sacrifiais tous mes biens, et jusqu'à ma vie, pour aider les autres, au point de pouvoir m'en vanter, si je n'ai pas l'amour, cela ne me sert de rien.* »

L'amour c'est Dieu lui-même, car tout passera sauf la parole, tout passera sauf l'amour.

B. **LE PARDON**

Esaie 55.7 « *Que le méchant abandonne sa voie, Et l'homme d'iniquité ses pensées ; qu'il retourne à l'éternel, qui aura pitié de lui, A notre Dieu, qui ne se lasse pas de pardonner* »

La meilleure conception du mot pardon et de savoir que lorsqu'on pardonne c'est à soi-même que l'on pardonne, le pardon est un acte réfléchi ; c'est une façon dire « puisque je ne suis pas Dieu mais un homme d'erreur ; je me dois de pardonner car on pardonne aussi continuellement, je suis donc obligé de perpétuer le cycle du pardon sans vouloir être le maillon qui rompt la chaine et porter le poids de la faille ou du péché».

Un père de famille à toujours dans son cœur un endroit caché , une zone non-définissable ou il puise un pardon pour ses enfants peu importe le degré ou la répétition d'une erreur ;Luc15.17-24 « *Etant rentré en lui-même ,il se dit : combien de mercenaires chez mon père ont du pain en abondance ,et moi, ici, je meurs de faim !je me lèverai, j'irai vers mon père, et le lui dirai :mon père, j'ai péché contre le ciel et contre toi, je ne suis plus digne d'être appelé ton fils, traite-moi comme l'un de tes mercenaires. Et il se leva, et alla vers son père. Comme il était encore loin ?son père le vit et fut ému de compassion, il courut se jeter à son cou et le baisa. Le fils lui dit : mon père, j'ai péché contre le ciel et contre toi, je ne suis plus digne d'être appelé ton fils. Mais le père dit à ses serviteurs : apportez vite la plus belle robe, et l'en revêtez ; mettez-lui un anneau au doigt, et des souliers aux pieds. Amenez le veau gras, et tuez-le. Mangeons et réjouissions-nous ; car mon fils que voici était mort, et il est revenu à la vie ; il était perdu, et il est retrouvé.et ils commencèrent à se réjouir* » cette histoire dans ce passage de bible est un type de Jésus-Christ avec ses enfants que nous sommes ; car après une bourde lorsque nous revenons à lui avec sincérité ou pas il nous accorde son pardon, bien entendu si nous avons réellement l'amour du christ, nous devons faire de même.

Lorsque nous refusons avec raison ou pas le pardon à notre prochain, nous ne confessons pas la vie du christ Matthieu 6.14-15 « *si vous pardonnez aux hommes leurs offenses, votre père céleste vous pardonner aussi ; mais si vous ne pardonnez pas aux hommes, votre père ne vous pardonnera pas non plus vos offenses.*» mais au contraire nous acceptons premièrement de porter le poids de la chose sans bien vouloir le remettre à celui qui est capable de le porter Matthieu 11.28 « *venez à moi, vous tous qui êtes fatigués et chargés, et je vous donnerai du repos*», puis deuxièmement nous refusons le pardon de Dieu et troisièmement nous nions notre imperfection et l'existence d'un être suprême et parfait qui nous appelle à être comme lui.

Une personne qui porte sur lui ce poids n'avance pas ou carrément reste en retard à de millier de kilomètres par rapport aux autres, de plus il s'épuise plus vite, il vieilli plus vite car le poids du fardeau l'amène à la destination méritée, la mort spirituelle, morale, sociale, et physique.

Il a toujours était difficile de pardonner ,ça c'est une évidence ;mais nous avons appris que chaque difficulté rend fort et fait grandir, si nous voulons grandir sur tout le plan de la vie nous devons pardonner, cela nous profite une fois de plus mais aussi lorsque nous pardonnons à notre prochain, nous lui offrons un nouveau chemin, un nouvel horizon ; chose que nous aimerons qu'on fasse aussi pour nous, puisse que nous ne sommes pas parfait.

Le pardon prouve qui nous sommes et de qui nous sommes disciple.

C. LA VERITE

Jean 14.6. « *Je suis le chemin, la vérité, et la vie. Nul ne vient au père que par moi* »

Avant la construction d'un édifice la première de chose qu'on doit mettre c'est la fondation, sans celle-ci aucune construction n'est possible ; Un homme mure ne que le résultat d'une construction assise sur une bonne éducation.

Le monde qui est un bel et grand édifice est assis sur une fondation, cette fondation c'est la parole créatrice ou plutôt la parole qui donne à l'existence, cette parole est considérée pour tout ce qui existe comme la parole de vérité ou plutôt la vérité, ou carrément la vérité. Il va sans dire que l'existence et la subsistance du monde sont assises sur la vérité ,De même l'homme qui veut vivre et subsister doit demeurer dans cette vérité, c'est-à-dire vivre pour cette vérité, se nourrir pour cette vérité, manifester cette vérité et défendre cette vérité ;cette vérité n'est que la parole de Dieu et donc la vérité de notre existence dans cette vie et la vie prochaine assissent sur toute la parole de Dieu. Jean 15.3-6 « *déjà vous êtes purs, à cause de la parole que je vous ai annoncée .demeurez en moi, et je demeurerai en vous. Comme le sarment ne peut de lui-même porter du fruit s'il ne demeure attaché au cep, ainsi vous ne le pouvez non plus, si vous ne demeurez en moi.je suis le cep, vous êtes les sarments. Celui qui demeure en moi et en qui je demeure porte beaucoup de fruit, car sans moi vous ne pouvez rien faire.si quelqu'un ne demeure pas en moi, il est jeté dehors, comme le sarment, et il sèche, puis on ramasse les sarments, on le jette au feu, et ils brûlent.* »

Un arbre qui n'a pas ses racines bien plantées dans le sol vacille, sèche, et coupé ensuite jeté au feu, un homme qui n'est pas dans la vérité manifeste de la parole mérite le feu de l'enfer ; une banche de manguier attachée à un cep diffèrent du manguier n'est plus un manguier.

De nos jours il est difficile de croiser la vérité ou plutôt de l'entendre avec authenticité dans toute sa totalité, heureusement le rideau du temple a été déchiré pour permettre à tout un chacun de rencontrer personnellement l'esprit de vérité, l'impératif d'un intermédiaire est exclu, Marc 15.38« la voile du temple se déchira en deux, depuis le haut jusqu'en bas. » Mais aussi nous avons l'urim et le thummim qui est la parole biblique pour vérifier l'exacte de la parole , Néhémie 7.65 « *et le gouverneur leur dit de ne pas manger des choses très saintes jusqu'à ce qu'un sacrificateur eut consulté l'urim et le thummim*»; et donc si un chrétien n'est pas dans la vérité de la parole de Dieu ,cela veut dire que c'est un choix personnel, la personne se plait d'être hors de la vérité et se prépare pour son sort à venir.

D. **LA FOI**

Jacques 2.18-20 « *Mais quelqu'un dira : toi tu as la foi ; et moi, j'ai les œuvres. Montre-moi ta foi sans les œuvres et moi, je te montrerai la foi par mes œuvres .tu crois qu'il y a un Dieu, tu fais bien ; les démons le croient aussi, et ils tremblent. Veux-tu savoir ô homme vain, que la foi sans les œuvres, est inutile ?* » Nous vivons pour aller au ciel, nous vivons pour mériter la vie éternelle ; la foi pour obtenir une chose est différente à la foi de croire et de vivre pleinement l'évangile ; la preuve en est que la plupart de ceux qui dans la bible ont reçus la guérison de leur maladie, la délivrance de démon etc ,non pas juste après l'obtention de la chose ,accepté réellement Jésus-Christ comme seigneur et sauveur.

La femme au puits eu la foi de reconnaitre et croire le messie jean 4.19+25, celle à la perte de sang eu la foi de guérison pour sa maladie Matthieu 9.20-21. L'officier ou le centenier bien qu'il avait obtenu la guérison de son serviteur, il est resté cas même indigne de recevoir le christ dans sa maison, Matthieu 8.5-13.

La foi aux dons et aux miracles est juste un appas pour sortir le poisson d'un monde vers un autre monde, cette foi ici ne sauve pas, elle est universelle, marc 7.25-30. « *Car une femme, dont la fille était possédée d'un esprit impur, entendit parler de lui, et vient se jeter à ses pieds. Cette femme était grecque, syro-phénicienne d'origine. Elle le pria de chasser le démon hors de sa fille. Jésus- lui dit : laisse d'abord les enfants se rassasier ; car il n'est pas bien de prendre le pain des enfants, et de le jeter aux petits chiens. Oui seigneur, lui répondit-elle, mais les petits chiens, sous la table, mangent les miettes des enfants. Alors il lui dit à cause de cette parole, va, le démon est sorti de ta fille.et quand elle rentra dans sa maison, elle trouva l'enfant couchée sur le lit, le démon étant sorti.*»

La vraie foi est une vie, je crois que je suis un homme, je dois vivre comme un homme et non comme une bête, je crois que je suis un chrétien je dois vivre comme un chrétien ; sinon je ne fais que penser que je suis ce-que je suis alors que je ne le suis pas, et je ne le serai jamais puisse-que je pense l'être. Lorsque nous croyons, nous devons nous poser ce genre de questions : ce que je fais, ce que je dis, ce que je pense, ce que je conçois, ce-que je vois et ce que j'entends si c'était Jésus-Christ à ma place le ferait-il ?

La foi c'est vivre une vie qui correspond à celle qui nous attend dans l'au-delà, c'est-à-dire la parole biblique toute entière, voilà pourquoi il est dit que celui qui croira sera sauvé. Marc 16.16 «*celui qui croira et qui sera baptisé sera sauvé, mais celui qui ne croira pas sera condamné.* »

E. **LA PRIERE**

Actes 1.24 « *tous d'un commun accord persévéraient dans la prière, avec les femmes, et marie, mère de jésus, et avec les frères de jésus* »

La prière est un dialogue d'un chrétien avec son Dieu, un dialogue est une communion entre deux personnes.

Dans le dialogue d'un chrétien avec son Dieu il est impératif de trouver :

1. **La persévérance**
   un chrétien doit persévérer dans le dialogue, ça ne veut pas dire prier pendant très longtemps mais tout le temps où possibilité il y a.1 Thessaloniciens 5.17 « *priez sans cesse*».

2. **La repentance**

Nous sommes tous des hommes d'erreur, à chaque instant d'une manière ou d'une autre nous déroutons de la parole ; Voilà pourquoi nous devons à chaque dialogue nous repentir sincèrement, marc 8.34 « *puis, ayant appelé la foule avec ses disciples, il leur dit : si quelqu'un veut venir après moi qu'il se charge de sa croix, et qu'il me suive »* ce qui veut dire tout simplement mourir dans ces péchés par une repentance sincère. Matthieu 10.38 « *celui qui ne prend pas sa croix, et ne me suit pas, n'est pas digne de moi.* » La repentance sincère a fait en sorte que David soit l'homme selon le cœur de Dieu.

Dans une bonne et complète repentance il devrait y avoir une confession détaillée Daniel 9.4-6 « *je priai l'Eternel, mon Dieu, et je lui fis cette confession : seigneur, Dieu grand et redoutable, toi qui gardes ton alliance et qui fais miséricorde à ceux qui t'aiment et qui observent tes commandements ! Nous avons péché, nous avons commis l'iniquité, nous avons été méchants et rebelles, nous nous sommes détournés de tes commandements et de tes ordonnances. Nous n'avons pas écouté tes serviteurs, les prophètes, qui ont parlé en ton nom à nos rois, à nos chefs, à nos pères, et à tout le peuple du pays*..., une réparation orientée Luc 19.6-8 « *Zachée se hâta de descendre, et le reçut avec joie. Voyant cela, tous murmuraient, et disaient : il est allé loger chez un homme pécheur. Mais Zachée, se tenant devant le seigneur , lui dit :voici, seigneur ,je donne aux pauvres la moitié de mes biens, et si j'ai fait tort de quelque chose à quelqu'un, je lui rends le quadruple* » et une conversion c'est-à-dire un demi-tour du chemin que l'on suivait ou pratiquait.

3. **l'éloge**:

Mes frères et sœurs n'avons- nous jamais remarqué qu'une personne devient très attentive après avoir reçu un compliment sincère ?

La bible nous dit que Jésus-Christ est notre mari et nous, nous sommes son épouse, une épouse amoureuse est censée encourager son homme. Notre Dieu aime les louanges et les fleurs, il se nourrit de cela c'est ce qui fait de lui un objet d'adoration. Sachons donc complimenter notre mari capable.

Il est le mari capable, le sauveur du monde, le créateur des créatures, le référentiel absolu, le consommateur de notre foi, le poumon de nos âmes, l'Etoile brillante du matin, le vainqueur de Satan, le rocher des âges, le puisant conquérant, le Dieu riche en bonté, le lys de la vallée, le plus beau d'entre 10.000, la lumière du monde, le roi qui siège sur le trône de notre cœur, celui à qui nous avons vendu notre âme esprit et corps au prix de notre foi, celui à qui le vent obéit, celui qui guérit les poissons dans la mer, qui nourrit les oiseaux du ciel, qui habille les arbres et les fleurs, il m'a élevé au-dessus des anges,...

,..
....
....
....
....

Viellez dans les lignes ci-haut complimenter notre Dieu.

4. l'intercession :

Prions pour les autres car la bible nous dit d'aimer son prochain comme on s'aime, d'où qui prie pour soi doit prier aussi pour les autres, surtout les adversaires, christ le fait pour nous tous, romains 8.34 « *qui les commandera? Christ est mort, bien plus, il est ressuscité, il est à la droite de Dieu, et il intercède pour nous* » faisons de même car c'est un commandement divin.

Nous devons également exposer nos demandes, exposer nos problèmes abandonner nos soucis... car nul ne passe devant lui est reste le même.

5. La réponse

Dieu nous exauce, lorsque nous le tenons aux mots par ses propres écritures ; quand il veut, et de la manière dont il le veut.

6. L'écoute

Dans un dialogue on parle pas seulement, on a aussi le devoir d'écouter ,car Dieu parle tantôt d'une manière tantôt d'une autre; une spiritualité permanente nous rendra attentif, afin d'écouter la voix ou le chemin par lequel Dieu nous répond nous pouvons recevoir la réponse par un rêve, une prophétie, une méditation de la parole, une exhortation, une prédication ,une expérience de la nature, un conseil...

6. Le Remerciement :

La grâce est grâce pour celui qui la prend comme grâce, la vie, la bonne santé, la paix, la joie, la famille, rien de tout ce que nous avons présentement n'est un mérite ; Voilà pourquoi nous devons adresser les éloges et démontrer notre perpétuelle reconnaissance par les actions des grâces à celui qui nous offre ce que nous avons présentement. Hébreux 12.28 partie B «*... montrons notre reconnaissance en rendant à Dieu un culte qui lui est agréable* ».

F. LA PERSEVERANCE

Hébreux 10.36 «*car vous avez besoin de persévérance, afin qu'après avoir accompli la volonté de Dieu, vous obteniez ce qui vous est promis* ».

Plusieurs évènement, situation et épreuves nous arrivent avec ou sans raison, d'être nous poussant sous diverses formes à laisser c'est chemin de la croix, difficile, rocailleux et ténébreux. Un feu pendant la nuit dans une forêt est maintenu par l'assemblage des bois et le rapprochement de ces mêmes bois, et ce petit feu arrive à tenir toute la nuit jusqu'au petit matin, nous chrétiens nous devons nous unir dans la parole de Dieu et nous rapprocher en conjuguant les verbes que la parole nous soumet, cela nous permettra de tenir jusqu'à la venue de Jésus-Christ.

Aucune épreuve au de-là de nos forces ne peux nous arriver, nous avons toujours quelque part en nous une force à puiser pour surmonter cela. 1 corinthiens 10.13 « *aucune tentation ne vous est survenue qui n'ait été humaine, et Dieu, qui est fidèle, ne permettra pas que vous soyez tentés au-delà de vos forces ; mais avec la tentation il préparera aussi le moyen d'en sortir, afin que vous puissiez la supporter.*»

Tant que c'est la parole, tant que c'est écrit tenons-nous-y.

G. L'OBEISSANCE A L'EVANGILE DE VERITE

1 Samuel 15.22 « *Samuel dit : l'Eternel trouve-t-il du plaisir dans les holocaustes et les sacrifices, comme dans l'obéissance à la voix de l'Eternel ? Voici, l'obéissance vaut mieux que les sacrifices, et l'observation de sa parole vaut mieux que la graisse des béliers* »

Si nous croyons avec évidence que Jésus-Christ est un oint, c'est parce qu'il s'identifie a la parole, Je veux nous faire comprendre que ce qui nous identifie à Dieu c'est la vie de christ ;ce n'est ni la prière, ni le jeûne , ni quoi que ce soit mais plutôt la parole de vérité manifestée par les œuvres que chaque oint doit porter impérativement .L'obéissance vaut mieux que le sacrifice et le meilleur de sacrifice que doit faire un chrétien c'est obéir comme christ.

Je peux beau prier, faire de miracles,...et ne pas avoir l'évangile de vérité, mais si nous sommes obéissants, cette obéissance nous donnera tous les attributs de la vie entre autres la guérison, le miracle, la prière, la puissance et autres. Josue1.7 « *fortifie-toi seulement et aie bon courage, en agissant fidèlement selon toute la loi que moise, mon serviteur, t'a prescrite ; ne t'en détourne ni à droite ni à gauche, afin de réussir dans tout ce que tu entreprendras*»

Puisque la bible est notre bouclier et notre vérité nous devons donc l'avoir avec nous constament.

La bible imprimée : mes frères et sœurs, ici je voudrais émettre mon avis qui ne s'avère pas être une évidence pour tous.

A propos de considération de la bible du téléphone comme une bible ; Apocalypse (1.11,13.8,22.18-19),deutéronome 28.58, hébreux 10.7,2 Timothée 4.13 ;dans tous les versets ci-haut, la bible nous parle d'un livre or un livre c'est un ensemble des feuilles, de parchemin ou de papier écrits des deux côtés et rassemblés en cahiers, ou carrément un ouvrage imprimé. Notre Dieu fort, puissant, grand, riche et élevé utilise des livres ; de plus il y a une grande différence entre un livre et une application. Un chrétien est un combattant, un combattant doit toujours avoir son arme, qui est le livre de Dieu (la bible) pas un téléphone qui contient l'application d'une bible ; le téléphone est un accessoires et la bible est un livre. Utiliser une application biblique est bien, utiliser une bible manuscrite est mieux.

H. LES TRAITS D'UN DISCIPLE (disciple et paradoxe)

- LE DISCIPLE

Les disciples de Jésus-Christ étaient confondu à jésus ; un disciple est celui qui suit la doctrine d'un maitre et s'attache à ses principes, à ses sentiments et à ses convictions. Matthieu 26 .73 « *peu après, ceux qui étant là, s'étant approchés, dirent à pierre : certainement tu es aussi de ces gens-là, car ton langage te fait reconnaitre* ».

Une branche de manguier est appelée ainsi ,parce qu'elle est attachée au manguier, elle manifeste et produit les fruits du manguier, une branche du pommier est appelée ainsi parce qu'elle est attachée au pommier .un chrétien est disciple de la parole, lorsqu'il manifeste et produit en apparence les vertus qu'apporte la vie de jésus ou la vie de la parole ;ainsi l'extérieur ne que manifeste de ce qui se trouve à l'intérieur ;un chrétien disciple de jésus porte en lui les fruits de la parole.

La vie de jésus en lui est une génératrice intérieure produisant les fruits. Les vrais fruits ne sont ni les bénédictions ,matériels ,ni la richesse ,ni l'élévation professionnel, ni les voyages, les mariages et la postérité....puisque toutes ces choses citées ci-haut même ceux qui ne croient pas en christ ou les athées peuvent l'obtenir et souvent ils l'obtiennent en aussi grand nombre que les chrétiens.

Les vraies fruits sont galates 5.22-25 « *mais les fruits de l'esprit, c'est l'amour, la joie, la paix, la patience, la bonté, la bénignité, la fidélité, la douceur, la tempérance* » ; c'est ici la manifestation de la vie de celui qui demeure en nous et l'héritage distinctif que nous devons garder jalousement ; ce n'est pas ce qui vient de l'extérieur qui souille l'homme, mais plutôt ce qui vient de l'intérieur. Matthieu 15.11 « *ce n'est pas ce qui entre dans la bouche qui souille l'homme ;mais ce qui sort de la bouche, c'est ce qui souille l'homme* » tous les biens matériels ne manifestent et ne démontrent en rien la vie de Jésus-Christ, mais c'est plutôt la richesse intérieure, l'élévation à la droite du père, le voyage dans les cieux, le mariage avec christ,... c'est exactement la vraie bénédiction que Jésus-Christ cherchera et emportera avec le jour de son avènement ; d'où travaillons pour les choses qui ne périssent pas.

Judas était parmi les disciples de jésus, il en donné même l'apparence, mais au fond de lui, il niait ce qui en donné la force ou la puissance de cette apparence et Jésus-Christ aussi le savait ; judas était parmi les disciples mais n'était pas dans le corps d'un disciple. Nombreux dans les églises (temple) ont réussi à franchir à la porte qui mène au temple, mais non jamais franchit la porte qui mène à corps du christ.

Ils sont dans le temple occupant tous les postes sans distinction ; seul un vrai disciple peut détecter ou cerner ces disciples rebelles, car un faux dollar est accepté que par celui qui ignore ou celui qui est distrait.

- **LE PARADOXE**

le prince de ce monde c'est le diable ,c'est lui qui domine le monde et ses disciples nombreux à telle enseigne que les disciples de Jésus-Christ sont loin de la moitié ,Jésus-Christ lui-même a était chassé et rejeté du monde a combien plus fort raison nous ses disciples ;ici je voudrais nous faire comprendre que accepté christ c'est accepté de vivre paradoxalement au chose du monde. Les choses que le monde dédaigne souvent Dieu est assis la se révèle dans la simplicité.

Le paradoxe, nous amène à toucher notre destinée, nous rend fou aux yeux des certaines personnes, nous fait grimper des dimensions approximative du trône de Dieu pour afin nous élever aux yeux de ces mêmes personnes. 1corientiens 3.18 «*que nul ne s'abuse lui-même : si quelqu'un parmi vous pense être sage selon ce siècle, qu'il devienne fou, afin de devenir sage* »

David petit, aux petites épaules devrait affronter un guerrier de 3mettres et demi entrainé à la guerre ;pour toucher sa destinée, Abraham alors avancé en Age 100 ans devait persévérer dans la foi pour devenir notre père de la foi ;moise alors que 40 an plutôt était un guerrier dans l'armée égyptienne, il avait gagné et conquit des nations, 40 ans plus tard celui-ci devait aller libérer le peuple de Dieu face ç l'armée la plus puissante à l'époque avec juste un bâton à la main, d'où l'attribution du nom libérateur ;Josué par la foi dans la parole de Dieu arrêta le soleil et devint vaillant guerrier ; schadrac, méschac et abed nego pour la défense des préceptes de Dieu, alors que tout le peuple s'était plié, les 3 hommes furent jetés dans la fournaise ardente et en sortir sans même l'odeur de la fumée ; Daniel pour christ vécu une expérience inédite dans la fosse au lion alors que les félins étaient restés 3 jours sans manger ;le prophète miché seul face aux 400 prophètes ,il s'en tenu à la vérité, aujourd'hui considéré comme un prophète model ;Samson terrassa une armée de 1000 soldats armés et entrainés avec une simple mâchoire d'âne ; marie mère de jésus cru vierge qu'elle était, conçu et enfanta le sauveur de l'humanité, Jésus-Christ marcha sur les vagues des grands eaux de la cime au creux des vagues sans s'enfoncer, ni se mouiller ;...

Accepter de vivre correctement avec Jésus-Christ est toujours un paradoxe, car Dieu n'est pas dans la majorité, la popularité mais plutôt dans la minorité, Luc 12.32 « *ne crains point, petit troupeau ; car votre père a trouvé bon de vous donner le royaume*»

2. LA VIE PAEINNE ET SES ATTRIBUTS

A. LA VIE PRECHEE PAR LE SATANISTE

Etymologiquement. Emprunté au bas latin ecclésiastique prédication (« action d'annoncer l'évangile »), en latin classique (« publication, proclamation »). Source : http://fr.m.wiktionary.org>wihi ,20 juillet 2022,00h22.

Selon le dictionnaire, la prédication est un discours pour annoncer la parole de Dieu et pour inciter à la pratique, comme de la vertu. Nous, nous essayerons de définir une prédication, comme étant une publication, une recommandation, répandue, soit par vive voix, soit par écrit, soit par les actes visant une réforme radicale de caractère, de comportement, des mœurs, d'instruction...

Au départ la prédication était liée à l'évangile de Jésus-Christ, mais le diable est imitateur et il veut toujours la gloire de Dieu, il s'est trouvé des prédicateurs de son évangile afin de lui trouver des fidèles ou adeptes, et ensuite recevoir des diverses manières les louanges .Dieu à ses prédicateurs pour annoncer son évangile, le diable également a ses prédicateurs pour tordre l'évangile de Dieu, détourner l'attention de l'évangile de Dieu.

Dieu est esprit, il a besoin des hommes comme instrument de la prédication pour son évangile ; ceux-ci vont initier à la participation tout celui qui est disposé à copier, partiellement ou totalement, une pratique, une vie ou une nouveauté ; le diable de fait de même.

L'instrument de Dieu est toute personne qui a accepter Jésus-Christ comme seigneur et sauveur, Apocalypse 1.6 « *et qui a fait de nous un royaume, des sacrificateurs pour Dieu son père, à lui soient la gloire et la puissance, aux siècles des siècles ! Amen !* » plus particulièrement les Ephésiens 4.11 « *Et il a donné les uns comme Apôtres, les autres comme prophètes, les autres comme évangélistes, les autres comme pasteurs et docteurs,*» tous sommes censés prêcher par nos voix ,surtout nos actes ;le diable a aussi des hommes comme instrument sous plusieurs casquette nous pourrions citer :la plupart des stars de cinéma, des stars de la mode, des stars de la musique ,des stars du sport, des faux oints ,...avec le pouvoir de conduire la masse ,ceux-ci incitent les personnes à écouter ,lire et suivre leurs prédications, a prononcer et manifester les louanges et prier leurs dieux pour afin de compte imiter leurs vie. En d'autre terme nous pouvons les appeler des influenceurs.

Nous chrétiens nous sommes la lumière du monde ,le sel de la terre ,nous sommes une ville battit au-dessus d'une colline cela veut dire que nous sommes l''exemple que le monde doit suivre ,mais aussi une référence ,Matthieu 5.13-16 « *vous êtes le sel de la terre .mais si le sel perd sa saveur, avec quoi la lui rendra-t-on ?il ne sert plus qu'à être jeté dehors, et foulé aux pieds par les hommes. Vous êtes la lumière du monde. Une ville située sur une montagne ne peut-être cachée ; et on n'allume pas une lampe pour la mettre sous le boisseau, mais on la met sur le chandelier, et elle éclaire tous ceux qui sont dans la maison. que votre lumière luise ainsi devant les hommes, afin qu'ils voient vos bonnes ouvres, et qu'ils glorifient votre père qui dans les cieux.*», mais si il arrivait que nous perdions ce pouvoir, A la place d'être influenceur ,et c'est nous par contre qui sommes influencés, a ce comment nous avons perdus notre droit d'ainesse en tant que chrétien à cause d'un plaisir éphémère ; un chrétien qui à la vie éternelle, que peut lui donner une personne qui nie l'existence du Dieu du ciel, que peut lui donner une personne qui prie un dieu contraire ,que peut lui donner un homme qui a une vie satanique ?

Osée 4.6 «*Mon peuple est détruit, parce- qu'il manque lui-même la connaissance .je te rejetterai, et tu seras dépouillé de mon sacerdoce puisque tu as oublié la loi de ton dieu, j'oublierai aussi tes enfants* » par manque de connaissance nous, nous faisons adorateur de Satan et donc ennemi de notre Dieu ; si nous sommes chrétien soyons imitateur et prédicateur de l'évangile de Jésus-Christ.

B. LES OCCUPATIONS ET LES FREQUENTATIONS

- LES OCCUPATIONS

L'être humain est appelé naturellement à rencontrer divers évènements ou situations qui l'occuperons, nous voyons les études, les affaires, la famille, et autres. Ainsi par rapport à cela nous travaillons et faisons des efforts pour remplir correctement nos responsabilités.

Peu importe le titre que l'on détient, si on assume bien le rôle ,on sera taxé de bon, bon père, bonne mère, bon grand frère, bonne grande sœur, bon enfant, bon voisin, bon ami, bon directeur, bon employé...De même lorsque nous acceptons Jésus-Christ comme seigneur et sauveur, le titre de chrétien nous est affecté ;un chrétien est celui qui croit en Jésus-Christ comme seigneur et sauveur, il le confesse et manifeste en tout temps et tout lieu. Lorsque on aime Dieu on fait de lui notre premier amour au-delà de tout autre responsabilité assumée, Et donc si nous mettons Dieu sur une position autre que la première, nous sommes loin d'être selon le cœur de Dieu, et loin d'être taxé de bon chrétien(ne).

D'où la nécessité d'une organisation ou d'un programme de chrétien.

-une lecture quotidienne de la bible. Josué 1.8 « *que ce livre de loi ne s'éloigne point de ta bouche, médite-le jour et nuit, pour agir fidèlement selon tout ce qui y est écrit ; car c'est alors que tu auras du succès dans tes entreprises, c'est alors que tu réussiras*»

-un horaire de prière. Actes10.9+ 30, Actes 3.1 « *pierre et jean montaient ensemble au temple, à l'heure de la prière : c'était la neuvième heure*»

-vivre et pratiquer tous conseils bibliques. Philippiens « *ce que vous avez appris, reçu et entendu de moi, et ce que vous avez vu en moi, pratiquez-le. Et le Dieu de paix sera avec vous.* »

-fréquenter régulièrement une Eglise. Psaumes 122.1 « *je suis dans la joie quand on me dit : allons à la maison de l'éternel* »

-venir en aide aux orphelins et aux veuves. Jacques 1.27 « *la religion pure et sans tache, devant Dieu notre père, consiste à visiter les orphelins et les veuves dans leurs afflictions, et à se préserver de souillures du monde* »

-aimer son prochain et son ennemi. Matthieu 5.43-45 « *vous avez appris qu'il a été dit : tu aimeras ton prochain, et tu haïras ton ennemi. Mais moi, je vous dis : aimez vos ennemis, bénissez ceux qui vous maudissent, faites du bien à ceux qui vous haïssent, et priez pour ceux qui vous maltraitent et qui vous persécutent, afin que vous soyez fils de votre père qui est dans les cieux ; car il fait lever son soleil sur les méchants et sur les bons, et il fait pleuvoir sur les justes et sur les injustes.* »

-rester honnête pour christ. Romains 13.13 « *marchons honnêtement, comme en plein jour, loin des excès et de l'ivrognerie, de la luxure et de l'impudicité, des querelles et des jalousies* »

Etant chrétien, le but de notre existence sur terre, c'est de louer et adorer l'éternel premièrement, C'est un chemin pourvu, afin d'être un exemple, un modèle, une référence, une lumière, bref le chemin pour arriver à maturité ; d'aucun chrétien ne peut prétendre être plus occupé, car le plus occupés dans le monde et d'office plus spirituel et mieux organisé.

- **LES FREQUENTATIONS**

La fréquentation de certains lieux et la fréquentation de certaines pratiques détermine qui ont est réellement. Le chrétiens ont des endroits et des pratiques qui leurs sont interdits, un corbeau et une colombe n'ont pas le même régime alimentaire ni un même style de vie car les semences en eux diffères, ce qui amène automatiquement les plaisirs, les nourritures, les habitudes différentes ; cela va de même avec les chrétiens et les païens, on ne peut pas être confondu. Un chrétien ne peut pas être dans: un habillement indécent qui ne donne pas de la valeur, la fréquentation de boîte de nuit et les buvettes (bar), participation des concerts pour musiciens profanes, suivit de programme inciviques et immorales à la télé et sur internet (série , pornographie),la calomnie, les faux témoignages, la méditation des mauvais projets pour son prochain, l' égoïsme, la haine et la rancœur ,dans la moquerie , dans l' idolâtrie, dans l'adultère, de propos injurieux, dans les jeux d'hasard, la convoitise, le vol (détournent),la cupidité, homosexualité, dans l'avortement qui est dans le sens propre un meurtre, l' hypocrites dans le mensonge ... surtout ne plus savoir dire non au mal, ni même refuser haut et fort le mal et habituer le sens du touché, de la vue et de l'ouïe au mal.

2 pierre 2.10-15 « *ceux surtout qui vont après la chair dans un désir d'impureté et qui méprisent l'autorité.*

Audacieux et arrogants, ils ne craignent pas d'injurier les gloires, tandis que les anges, supérieures en force et en puissance, ne portent pas contre elles et de jugement injurieux devant le seigneur. mais eux, semblables à des brutes qui s'abandonnent à leurs penchants naturels et qui sont nées pour être prises et détruites, ils parlent d'une manière injurieuse de ce qu'ils ignorent, et ils périront par leur propre corruption, recevant ainsi le salaire de leur iniquité. Ils trouvent leurs délices à se livrer au plaisir en plein jour ; hommes tarés et souillés, ils se délectent dans leurs tromperies, en faisant bonne chère avec vous.il ont les yeux pleins d'adultère et insatiables de péché ; ils amorcent les âmes mal affermies ; ils ont le cœur exercé à la cupidité ; ce sont des enfants de la malédiction. Après avoir quitté le droit chemin, ils se sont égarés en suivant la voie de balaam, fils de bosor, qui aima le salaire de l'iniquité, »

La vie chrétienne et la vie païenne diffère en toute chose il n'y de points de convergence, ni une partie intermédiaire existante, Être pratiquant de la vie est synonyme d'être adhérent de celle-ci.

C. LA MUSIQUE

La musique est l'art de combiner et d'harmoniser le son d'une manière agréable à l'oreille, telle est la définition apprise à l'école. Mais que dit la bible à ce sujet ?

Les enfants d'Israël face à la ville de Jéricho, suite aux cris d'adoration et de louanges ainsi que les sons des trompettes ; les murs de Jéricho tombèrent. Josué 6.5+20 « *5. Quand ils sonneront de la corne retentissantes ; le septième jour, vous ferez sept fois le tour de la ville ; et les sacrificateurs sonneront des trompettes. + 20.le peuple poussa des cris, et les sacrificateurs sonnèrent des trompettes. Lorsque le peuple entendit le son de la trompette, il poussa de grands cris, et la muraille s'écroula ; le peuple monta dans la ville, chacun devant soi. Ils s'emparèrent de la ville*».

La musique poussa David à danser jusqu'à se déshabiller devant son Dieu et son peuple 1chroniques 15.28-29 « *tout Israël fit monter l'arche de l'alliance de l'éternel avec des cris de joie, au son des clairons, des trompettes et des cymbales, et faisant retentir les luths et les harpes. Comme l'arche de l'alliance de l'éternel entrait dans la cité de David, mical, fille de Saül, regardait par la fenêtre, et voyant le roi David sauter et danser, elle le méprisa dans son cœur.* », Alors que le roi Saül était atteint d'une maladie, il fallait une bonne musique pour soulager le roi et ôter cet esprit de lui, 1 Samuel 16.16+23 « *Que notre seigneur parle !tes serviteurs sont devant toi. ils chercheront un home qui sache jouer de la harpe ;et ,quand le mauvais esprit de Dieu sera sur toi, il jouera de sa main, et tu seras soulagé + 23.Et lorsque l'esprit de Dieu était un Saül, David prenait la harpe et jouait de sa main ;Saül respirait alors plus à l'aise et se trouvait soulagé, et le mauvais esprit se retirait de lui.*», Le prophète Elisée avait besoin d'une bonne pour le connecter à Dieu 2 rois 3.15 « *maintenant, amenez-moi un joueur de harpe.et comme le jouer de harpe jouait, la main de l'éternel fut sur Elisée*». C'est avec la musique qu'on annonce des rois et la vénération de Dieu, L'armée céleste avance dans le combat avec des chants, même sur terre les armées se motivent par des chants, Chanter c'est prier deux fois, Dieu sur son trône est assis au milieu de l'adoration, et il nous a créer pour que nous lui rendons louange et adoration apocalypse 4.8« *les quatre êtres vivants ont chacun six ailles, et ils sont remplis d'yeux tout autour et au dedans. Ils ne cessent de dire jour et nuit : saint, saint, saint est le seigneur Dieu, le tout puissant, qui était, qui est et qui vient !*».

Et donc la musique ou le chant à une forte importance aux yeux de Dieu, et si le diable a été précipité sur terre c'est parce qu'il voulait la place de son Dieu ;il voulait être adoré, être vénéré également. Dans chaque musique, il y'a une vie, ou plutôt une forte puissance qui transperce l'oreille et va jusqu'à pénétrer le fort intérieur d'un humain et ainsi provoquer une sensation ou un sentiment, qui par la suite est manifeste dans sur le corps ; ceci peut-être un sentiment de paix, de joie, de haine, de fidélité, de reconnaissance, de douceur, de méchanceté, de méditation etc.

<u>Premièrement</u> : c'est l'esprit de celui ou plutôt la vie de celui qui chante qui est véhiculée dans le chant et atterrit dans l'esprit disposé à recevoir la même vie.

<u>Deuxièmement</u> : c'est la vie de la chanson, par les paroles qui la compose qui pénètre dans l'esprit disposé ; car ce que nous confessons dans nos bouches nous identifie et nous lie.

Le mot Dieu signifie objet d'adoration, les acclamations, les prières et les louanges sont réservées à un objet d'adoration(Dieu), voilà pourquoi les dieux par convoitise veulent également être élevé au même rang avec leur père le diable Satan, ainsi la musique est objet facilitant tout adoration.

La musique est donc une clé, qui ouvre facilement et grandement la porte qui mène à notre esprit, et facilite l'entrée d'un esprit ou une vie souhaitée. Pour reconnaitre une chanson inspirée ou pas, il faut voir avant tout la vie de celui qui la chante, la vie ou l'influence que celle-ci apporte et enfin voir si les paroles reposent sur les écritures ; car pour un chrétien une chanson de Dieu met Jésus-Christ au centre.

Prenons un exemple : lorsque une personne est habituée à chanter les femmes, à les vénérer cette personne s'expose à tout ce qui est susceptible à le pousser de manifester cette vénération nous citons, l'impudicité, l'adultère et autres.

Cependant nous pouvons dire que, Celui qui écoute une chanson de Dieu s'expose à l'esprit de Dieu et donc aux choses positives, et celui qui écoute et chante autre chose qui diffère Dieu s'expose à l'esprit du diable et donc aux choses négatives.

Nous chrétiens nous ne pouvons trouver notre joie dans une musique qui nous expose aux choses contraires à celle souhaitées par notre Dieu, ces genres des musiques flouent notre relation avec Dieu pour ne pas dire que ça coupe la relation d'avec le Dieu du ciel et surtout nous pervertissent.

D. LA MODE

Un chrétien ne vit pas selon la chair, et est la lumière du monde et donc c'est lui qui doit éclairer et influencer le monde et non le contraire Matthieu 5.14-16 « *vous êtes la lumière du monde. Une ville située sur une montagne ne peut être cachée ; et on n'allume pas une lampe pour la mettre sous le boisseau, mais on la met sur le chandelier, et elle éclaire tous ceux qui sont dans la maison. Que votre lumière luise ainsi devant les hommes, afin qu'ils voient vos bonnes œuvres, et qu'ils glorifient votre père qui est dans les cieux.* »

Si la bible dit que la femme s'habille décemment le monde dira le contraire, si la bible dit pas des vêtements transparent le monde dira le contraire, si la bible dit que le corps de la femme est sacrée il doit être voilé le monde dira le contraire ;

Mes brebis entendent ma voix et la suive, ceux du monde suivront la voie contraire, les chrétiens véritable suivront la parole parce que en eux il n'y a en aucune semence trouvant plaisir dans ces choses.

L'homme est une Eglise vivante, la femme est également une Eglise vivante tous deux forment l'épouse de Dieu, la femme parfaite qui reflète en tout temps et tout lieu, le caractère ou l'image de son époux, christ. L'image que cette épouse reflète provient, de la parole de promesse.

Luc et Linda

Luc et Linda ,son amoureux, l'un de l'autre, ils se sont faits le vœux de se marier ,seul les moyens financiers empêchent à ce couple de s'unir dans le mariage ;Luc est obligé alors d'aller chercher, d'aller travailler un peu plus loin de son amoureuse ,alors l'homme fit cette promesse a la femme « je m'en vais travailler ,pour revenir par la suite t'honorer, reste moi fidèle, ne trouve pas un autre amour ,évite les mauvaises compagnies susceptibles de corrompre tes bonnes mœurs, ne convoite autrui, évite l'influence du monde et ceux du monde car ce n'est que course du vent, face aux tentations ne cède pas, n'écoute pas les gens garde avec toi dans ton cœur mes paroles et à mon retour tu vivras le paradis, je t'aime ».Luc effectua son périple, pour conquérir. Quelques années plus tard, il avait déjà une vie stable, et avait avec lui tout le moyen pour marier sa Linda.

L'heure était arrivé pour Luc de revenir au pays, il voulut faire une surprise à sa Linda qui ne se douté de rien, A l'heure du soir, l'homme prit le vol, arrivé au pays sans tergiverser, il prit un taxi pour aller rencontrer la future mère de ses enfants, car il avait cette assurance, que celle-ci était restée liée à aux paroles de promesse.

Imaginez la suite de cette histoire et si l'homme rencontrait sa Linda, dans une vie détachée de la parole de promesse l'aurait-il pris en mariage ? Surement pas et si oui Linda était restée dans les promesses de Luc, assurément qu'il l'aurait pris cette dernière en mariage.

De même christ le fiancé a laissé des paroles de promesse a sa fiancée l'église (les hommes), l'église est censée demeurer dans les paroles de promesses pour hériter les royaumes de cieux, car seule la fiancée qui reflètera les caractères de la promesse, c'est-à-dire le caractère de l'époux sera prise pour le mariage.

Un chrétien qui attend le mariage d'avec christ est censé être influencé par la parole et en suite il influence le monde à son tour, celui qui se laisse influencé par la mode indécente, où les vêtements sont plus court, plus transparent, plus déchirés, plus inconfortable, plus serrés,...dans le but de séduire et pervertir ;un tel chrétien n'est pas dans ses responsabilités, il doit revenir dans la droiture avant le retour du fiancé. Un chrétien est une lampe entre les mains de Dieu, censé orienter les hommes dans l'obscurité du monde vers la vie.

Il est évident que lorsque on n'est prend pas ses responsabilités en tant que chrétien cela veut dire qu'automatiquement on assume des responsabilités qui diffère de la chrétienté.

F. L'INSTRUCTION ET LA CULTURE

Colossiens 2.8 « *prenez garde que personne ne fasse de vous sa proie par la philosophie et par une vaine tromperie, s'appuyant sur la tradition des hommes, sur les rudiments du monde, et non sur christ.* »

L'instruction d'un chrétien en son entière disposition se trouve dans la bible, un chrétien qui ne s'instruit quotidiennement, laisse la place une instruction contraire. Chaque peuple dans le monde à sa culture, chaque peuple à une connaissance particulière, une vie particulière qui les identifie, chaque nation,...cette culture est considérée comme une force, un pouvoir et identité ainsi cela se transforme en conviction, un comportement et enfin une vérité.

Bien que vérité, lorsque on prend cette culture pour la comparera avec une autre culture, on constate cependant une différence et plusieurs contradiction, les avantages et les désavantages, des principes et règles réfléchis et irréfléchis ; bref une culture est jugée bonne par son peuple, et inversement mauvaise par un autre peuple, au final on se rend compte qu'aucune culture n'est meilleure et qu'aucune d'elle n'amène à la perfection.

Prenons quelques exemples :

Dans certaines pays d'Europe, certains parents peuvent s'exposer nus ou presque devant leurs enfants, alors qu'en Afrique c'est purement une abomination ; certaines cultures pour saluer une personne inconnue c'est difficile peut-être même impossible par contre chez d'autre c'est un plaisir de saluer inconnue, un visiteur ne peut pas débarquer par sans prévenir mais d'autres adorent les visites surprises, certaines cultures chosifient la femme d'autres la valorise, dans certains cultures le sexe est sacrés pour d'autres c'est un instrument de plaisir,...

Voilà pourquoi Dieu nous invite à sortir de nos cultures ancestrales (autres) pour entrer dans la culture biblique ; une culture absolue et universelle menant vers une perfection mais aussi à une vie éternelle.

La bible est le seul livre sur la terre qui contient toutes les sciences applicables dans le monde. Est donc un chrétien ne peut pas être confondu dans une culture quelconque, sinon il est rejeté par l'auteur de la bible. Marc 7.7-9 « *c'est en vain qu'ils m'honorent, en donnant des préceptes qui sont des commandements d'hommes. Vous abandonnez le commandement de Dieu, et vous observez la tradition des hommes.il leur dit encore : vous anéantissez fort bien le commandement de Dieu, pour garder votre tradition.*»

G. LA CALOMNIE

Jacques 4.11-12 « *ne parlez pas du mal les uns des autres, frères .celui qui parle d'un frère, ou qui juge son frère, parle mal de la loi et juge la loi. Or si tu juges la loi, tu n'es pas observateur de la loi, mais tu es juge. Un seul est législateur et juge, c'est celui qui peut sauver et perdre mais toi qui tu es, qui juges le prochain ?* »

La calomnie se définit comme étant une critique envers autrui, parler en mal de l'autre en son absence. C'est l'attribut le plus exercé et le plus répandu au milieu des nous chrétiens, Luc 6.37 « *Ne jugez point, et vous ne serez point jugés; ne condamnez point, et vous ne serez point condamnés; absolvez et vous serez absous.* »

Le verbe juger peut-être exploiter sous deux volets

Le premier contexte veut dire « condamner ».Le second est « examiner ou éprouver » 1 jean 4.1 « *bien-aimés, n'ajoutez pas foi à tout esprit; mais éprouvez les esprits, pour savoir s'ils sont de Dieu* » et Zacharie 8.16 « *voici ce que vous devez faire: dites la vérité chacun à son prochain; jugez dans vos portes selon la vérité et en vue de la paix*» .Nous chrétiens avons les droits d'examiner et non de condamner selon la chair, car n'oublions pas que christ est venu pour sauver les perdus, une position que nous avions jadis ;Donc nous ne sommes pas permis de condamner les perdus, car le jour que christ décidera de les sauver il ne demandera ni notre avis, ni notre accord. Pour apporter un jugement ou un examen, un niveau spirituel est requis, une connaissance de la loi est requise car on examine par la loi, Et donc par constat celui qui condamne son prochain ou parle en mal de son prochain parle en mal de la parole de Dieu ou plutôt parle en mal de Dieu lui-même, pouvons-nous imaginer un sorcier qui critique son dieu chez un autre sorcier impossible ! Seuls nous les chrétiens sommes capables.

De plus celui qui juge n'est pas observateur de la loi cela veut dire que dès cet instant où nous sommes en train de critiquer nous ne sommes plus chrétien et si c'est dans nos habitudes nous n'avons donc jamais été chrétien. Nous constatons encore une fois de plus que celui qui condamne se fait législateur, c'est-à-dire se fait comparable à Dieu, à lire correctement la bible lorsque nous calomnions nous devenons tout simplement fou.

Pendant l'œuvre calomniatrice il y a deux acteurs majeurs le premier c'est le rapporteur et le deuxième l'auditeur, tous deux deviennent des instruments entre les mains du diable, Tout celui qui nous parle d'un homme alors que celui-ci est absent et qu'après les dires de celui-ci nous ressentons de la haine, de la jalousie, de la colère, ou une chose similaire c'est bel et bien un rapporteur du diable ; et l'auditeur qui réagit positivement c'est-à-dire exactement comme le rapporteur voulait qu'il réagisse et même plus encore c'est aussi un instrument entre les mains du diable, Proverbe 26.22 «*les paroles du rapporteur sont comme des friandises, elles descendent jusqu'au fond des entrailles* » et proverbe 16.28b «*...et le rapporteur divise les amis*» l'auditeur quant à lui est le facilitateur du péché est donc il participe activement. Le mieux et d'éviter de tendre l'oreille car c'est un petit attribut doux, mignon, puissant mais aussi mortel.

Cet attribut devient encore pire lorsque, la calomnie cible les serviteurs de Dieu qu'il soit un vrai ou un faux, Celui qui critique un vrai, critique Dieu, celui qui critique un faux critique l'image de Dieu, Proverbe 30.10« *ne calomnie pas un serviteur auprès de son maître, de peur qu'il ne te maudisse et que tu ne te rendes coupable*» ,Marie fut frappée de lèpre car elle avait parlé en mal de moise serviteur de Dieu, nombres 12.1-10. Dieu n'a pas cessé de frapper ceux qui calomnient, sa parole reste ainsi d'éternité en éternité.

De nos jours il nous frappe d'une manière spirituelle, voilà pourquoi nos vies reflètent des bois morts et très secs puisque nous quittons christ, jean 15.6 « *si quelqu'un ne demeure pas en moi, il est jeté dehors, comme le sarment, et il sèche; puis on ramasse les sarments, on les jette au feu, et ils brûlent.* »

En effet celui qui juge ou condamne son prochain quitte totalement sous la protection divine et s'expose sans aucune garde sous l'influence du mal et la condamnation de Dieu lui-même ; notre famille est exposé, nos études, nos projets et affaires sont exposés, nos enfants, et autres, psaumes 101.5«*celui qui calomnie en secret son prochain je l'anéantirai...*». Pour vaincre cet esprit faudrait commencer par reconnaitre notre position, éviter d'être des acteurs de l'attribut, nous repentir, priez et jeûner afin de ne plus tomber dans cette grosse folie.

Dans une même source il ne peut sortir de l'eau pure et de l'eau impure, dans bouche, il ne peut sortir de paroles douces et de paroles aigres; mais pourquoi c'est dans les bouches où nous louons Dieu, que nous calomnions les autres. Dans ce genre de cas Dieu ne se plait pas de notre adoration et donc c'est en vain que nous l'adorons, c'est bien évident.

H. L'IDOLATRIE

1corinthiens 10.14 « *c'est pourquoi, les bien-aimés, fuyez l'idolâtrie* »

L'idolâtrie se définit comme étant tout attitude ou rituel de vénération envers, une représentation, ou une personne devenue symbole, exode 32.7-8 «*L'Eternel dit moise : va descends ; car ton peuple, que tu as fait sortir du pays d'Egypte, s'est corrompu. Ils se sont promptement écartés de la voie que je leur avais prescrite ; ils se sont fait un veau en fonte, ils se sont prosternés devant lui, ils lui ont offert des sacrifices, et ils ont dit : Israël ! Voici ton dieu, qui t'a fait sortir du pays d'Egypte.* ». C'est fut l'une de raison que Dieu a fait périr nombreux dans l'ancienne alliance.

L'idolâtrie n'est pas seulement se faire des images, des statuts et autres, c'est aussi avoir pour admiration, être fanatique, être amoureux, avoir de l'affection ou aimer une chose ou un humain plus que son créateur c'est-à-dire mettre Dieu en seconde position; De nos jours il existe des idolâtres du sport, du travail, du téléphone portable, des réseaux sociaux, de l'internet, du vestimentaire, de l'argent, de la télévision et ses programmes, de la musique, des stars, et tant d'autres choses ;ceci s'explique par le temps et la considération que nous accordons a toutes ses choses par rapport à notre Dieu.

Nous sommes tous d'avis que l'amour n'existe pas mais ce sont les preuves d'amour qui existent, comme exactement avec la foi qui se manifeste aussi par les œuvres, nous chrétiens avons pour premier amour Dieu, c'est-à-dire tout ce nous faisons concours autour de notre Dieu (objet d'adoration), car il dit si vous m'aimer gardez mes commandements qui garde les commandements de Dieu les pratiques.

Aimons, consacrons, la majeur partie de notre temps de notre attention, de notre vie et nos principes aux choses de Dieu c'est ce que Dieu veut, il veut que tous soyons liés à sa parole. Mettre Dieu en seconde position c'est une d'idolâtrie ; il nous a créés afin que nous vivions pour lui premièrement, Ça paraît difficile, oui mais observons les gens qui sont de l'autre côté dans la franc-maçonnerie, les sectes et autres Ils ont choisi leur dieu et tout ce qu'il font concours autour de ce que leur dieu les a dit, chaque commandement, chaque ordre prière est respecté et rien ,ni travail, ni occupation, ni fatigue, ni faim, ni imprévu, ni maladie ,ni aucune forme de distraction ou divertissement ne prend la place première de leur dieu. Les chrétiens que nous sommes la plus part sommes débordés des distractions et occupations qui nous amènent à mettre en seconde position notre Dieu, ce qui fait en sorte que dans le christianisme soit remarqué une absence de discipline dans les adorateurs voilà pourquoi nous paraissons comme de faible, comme de moins puissants.

Lorsque nous faisons une chose faisions-le bien, lorsque nous adorons Dieu adorons –le bien et correctement, Dieu est jaloux il ne partage sa gloire avec personne, encore moins avec une image, une photo, ou un objet quelconque, deutéronome 6.13-15 « *tu craindras l'éternel, ton Dieu, tu le serviras, et tu jureras par son nom. vous n'irez point après d'autres dieux, d'entre les dieux des peuples qui sont autour de vous ;car l'Eternel, ton dieu, est un jaloux au milieu de toi.la colère de l'éternel, ton Dieu, s'enflammerait contre toi, et il t'exterminerait de dessus la terre*»

Ici il est sans nul doute facile de comprendre que l'idolâtre refuse d'une certaine manière la gloire de Dieu. Cet esprit nous rend ennemi de Dieu Apocalypse 21.8 « *mais pour les lâches, les incrédules, les abominations, les meurtries, les impudiques, les enchanteurs, les idolâtres, et tous les menteurs, leur part sera dans l'étang ardent de feu et de souffre, ce qui est la seconde mort* »La seule façon d'être libéré d'une chose et de l'admettre et agir en vue d'une libération ; cet esprit d'idolâtrie nous a beaucoup gagné surtout nous les chrétiens...apocalypse 2.4-5 nous dit « *mais ce que j'ai contre toi, c'est que tu as abandonné ton premier amour. Souviens-toi donc d'où tu es tombé, repens-toi, et pratique tes premières œuvres, sinon je viendrai à toi, et j'ôterai ton chandelier de sa place, à moins que tu ne te repentes* » Adorer un Dieu alors que nous sommes ennemis de lui, c'est une grosse absurdité.

Jésus-Christ est mort et ressuscité il n'est plus sur la croix en ce moment il est au ciel nous préparant une place et intercédant pour nous ,Jean 14.2 et romains 8.34 ; le visage de jésus n'a jamais été vu des humains exode 33.20 « *l'éternel dit : tu ne pourras pas voir ma face, car l'homme ne peut me voir et vivre*» ;la photo d'aucun prophète n'est une identification, aucune statue ne donne la vie car c'est un objet fabriqué et non animé, habakuk 2.18-20 « *A quoi sert une image taillé, pour qu'un ouvrier la taille ? A quoi sert une image en fonte et qui enseigne le mensonge, pour que l'ouvrier qui l'a faite place en elle sa confiance, tandis qu'il fabrique des idoles muettes ?*».

Matthieu 22.2-10 « *le royaume des cieux est semblable un roi qui fit des noces pour son fils.il envoya ses serviteurs appeler ceux qui étaient invités aux noces ; mais ils ne voulurent pas venir.il envoya encore d'autres serviteurs, en disant : dites aux conviés : voici, j'ai préparé mon festin ; mes bœufs et mes bêtes grasses sont tués, tout et prêt, venez aux noces. Mais sans s'inquiéter de l'invitation, ils s'en allèrent, celui à son champ, celui-là à son trafic ; et les autres se saisirent des serviteurs, les outragèrent et les tuèrent. Le roi fut irrité ; il envoya ses troupes, fit périr ces meurtries, et brûla leur ville. Alors il dit à ses serviteurs : les noces sont prêtes, mais les conviés n'en étaient pas dignes. Allez donc dans les carrefours, et appelez aux noces tous ceux que vous trouverez. Ces serviteurs allèrent dans les chemins, rassemblèrent tous ceux qu'ils trouvèrent, méchants et bons, et la salle des noces fut pleine de convives.*», ne soyons pas confondus au milieu ces convives dans les versets ci-haut qui à cause de leurs activités et occupations ou plutôt à cause de l'idolâtrie tous perdurent leur droit réservé, pour ensuite aller en enfer. Jonas 2.9 « *ceux qui s'attachent à de vaines idoles éloignent d'eux la miséricorde* ». Michée 1.7.

3. NOTRE ENGAGEMENT A SUIVRE CHRIST

A. L'AGE.

En Israël l'âge à quel on amenait les enfants dans le culte était 12 ans car on estimait que c'était à cette âge l'enfant a développé suffisamment sa conscience pour distinguer le bien du mal, assumer certaines responsabilités mais aussi apposer son avis ou sa compréhension par rapport à certaines choses.

Luc 2.42-47 *« lorsqu'il fut âgé de douze ans, ils y montèrent, selon la coutume de la fête. Puis, quand les jours furent écoulés, et qu'ils s'en retournèrent, l'enfant jésus resta à Jérusalem .son père et sa mère ne s'en aperçurent pas.*

Croyant qu'il était avec leurs compagnons de voyage, ils firent une journée de chemin, et le cherchèrent parmi leurs parents et leurs connaissances .Mais, ne l'ayant pas trouvé, ils retournèrent à Jérusalem pour chercher.au bout de trois jours, ils le trouvèrent dans le temple, assis au milieu des docteurs, les écoutant et les interrogeant. Tous ceux qui l'entendaient étaient frappés de son intelligence et de ses réponses »

Vous êtes d'avis avec moi que les enfants de 12 ans actuellement dans ce 21è siècle sont loin d'être comparés avec ceux de jadis, dans ce siècle les enfants sont plus développés mais aussi plus exposés.

2 rois 14 :21 *« et tout le peuple de juda prit azaria, âgé de seize ans, et l'établit roi à la place de son père amatsia »* ; 2 rois 15 :33 *« il avait vingt-cinq ans lorsqu'il devint roi, et il régna seize ans à.... »* ; 2 rois 16 :2 *« achaz avait vingt ans lorsqu'il devint roi, et il régna seize ans à Jérusalem... »*

Puisque Jésus-Christ est notre model un enfant de cet âge devrait connaitre les bases sur la connaissance de Dieu;

A cet âge les parents doivent intéresser les enfants et parler avec eux comme à des adultes

A cet âge un enfant peut avoir son baptême car il peut entretenir une relation avec celui qui parle à son cœur.

A cet âge avec les mentors à ses côtés, une instruction nécessaire, des règles et des principes objectifs on peut assumer des grandes responsabilités.

L'âge n'est qu'un chiffre, Dieu parle avec l'esprit disposé et l'esprit d'un enfant est tout au plus disposé que celui d'un adulte ; voilà pourquoi la bible nous recommande d'avoir l'attitude d'un enfant pour parvenir au royaume de Dieu. Marc 10.14 *« jésus, voyant cela fut indigné, et leur dit : laissez venir à moi les petits enfants, et ne les en empêchez pas ; car le royaume de Dieu est pour ceux qui leur ressemblent »*.

B. LA REPENTANCE

Dieu en créant l'homme il a fait en sorte qu'autour de lui existe le bien et le mal, celui qui suivra le chemin du bien aura une récompense, celui qui suivra la vie du mal aura également une récompense relative.

Notre créateur nous a laissés le libre arbitre .alors lorsqu'on atteint un certain âge de conscience et savions distinguer le bien du mal, lui-même vient personnellement a nous parler à notre cœur pour nous dire que ***« je suis ton créateur, tu es ma créature, l'œuvre de mes mains, le chemin que tu as choisi va en l'encontre de ton système de fonctionnement, tu vas en péril sans chemin de non-retour, ouvre-moi ton cœur laisses moi être ton seigneur et ton sauveur, une place que j'avais jadis, si je suis à toi c'est parce-que à présent tout ce que tu cherches d'aucun humain ne peut te le donner, je viens t'offrirai le vrai bonheur dans ce monde et celui à venir.***

Tu veux le bonheur, je le suis, tu veux la restauration, tu veux la paix, tu veux la paix, tu veux la guérison, tu veux la vie, tu veux la vérité, tu veux la perfection, tu veux, tu veux l'amour ...tous ces mots trouvent existence en moi, et tout ce qui est moi je te le donne »

Ceci nous pousse à un engagement sincère

- l'engagement sincère : prendre un engagement sincère c'est retourner à zéro d'où nous avons commis le premier péché, et repartir dans le sens contraire.

Imaginons une ligne droite contenant des entiers positifs et négatifs séparés par le point zéro ; si notre marche était dirigée vers les entiers négatifs nous devons après l'engagement retourner au pont zéro et prendre une nouvelle direction contraire a celle que nous avions avant, celle des entiers positifs.

-la confession sincère : il est toujours mieux d'énumérer sur un support tous les péchés, dont on a regret et les présenter personnellement au près d'un ministre de Dieu, et ensuite suivre les instructions.

C. LE BAPTEME D'EAU

Le baptême d'eau est un passage pour un véritable croyant, celui-ci est défini comme un engagement personnel 1 pierre 3.21 « *cette eau était figure du baptême, qui n'est pas la purification des souillures du corps, mais un l'engagement d'une bonne conscience envers Dieu, et qui maintenant vous sauve, vous aussi, par la résurrection de jésus christ* » cette engagement est précédé par d'un enseignement ou une prédication de vérité. Marc 16.15-16.

On expérimente une conversion, une repentance et un esprit de contrit manifestant une assurance du pardon de son péché par la foi en l'œuvre de Jésus-Christ ; suite à cela nous sommes amenés dans l'eau pour une immersion totale de notre corps Matthieu 3.16 ,actes 8.38 «*il fit arrêter le char ;Philippe et l'eunuque descendirent tous deux dans l'eau, et Philippe baptisa l'eunuque* »,nous devons être plongé comme un cadavre et ensuite être ressorti de l'eau ,pour typifier la mort de celui qui nous a racheté du monde et de choses du monde ,que le châtiment qui nous était réservé est tombé sur lui. Romains 6.3-4 et Colossiens 2.12-15. C'est ainsi que l'ordonnance fut laissée aux ministres de Dieu, le baptême pour le pardon des péchés se fait au nom du seigneur **JESUS-CHRIST** actes 2.38, actes 8.16 et actes 19.5 « *sur ses paroles ils furent baptisés au nom du seigneur Jésus-Christ* »

Jésus-Christ est le nom de Dieu jean 17.6+26 « 6. *J'ai fait connaitre ton nom aux hommes que tu m'as donnés au milieu du monde… 26.je leur ai fait connaitre ton nom et je le leur ferai connaitre afin que l'amour dont tu m'as aimé soit en eux, et que je sois en eux*» c'est aussi le seul nom qui nous a été donné pour le pardon ,la délivrance, la guérison, le salut, la paix, la restauration, la foi, la vie, …tout doit se faire au nom du seigneur Jésus-Christ ,car c'est ainsi que cela fut commandé aux véritables croyants col 3.17 « *et quoi que vous fassiez, en parole ou en œuvre, faites out au nom du seigneur jésus, en rendant par lui des actions de grâces à Dieu le père.* » et d'aucun ne peut témoigner une véritable conversion à christ, une expérience réelle du salut, un mandat divin, ou une vie puissante et transformée si il ne passe par Jésus-Christ jean 14.6 « *jésus lui dit : je suis le chemin, la vérité, et la vie. Nul ne vient au père que par moi*»

Par le baptême d'eau celui qui est devenu croyant confesse sa foi en Dieu.

Pour ce qui est de Matthieu 28.19 « ***allez, faites de toutes les nations des disciples, les baptisant au nom du père, du fils et du Saint-Esprit*** ».

Celui qui est père de ses enfants et aussi fils de ses parents, oncle de ses neveux et nièces…nous comprenons par-là que c'est ses différents titres et différentes fonctions joués par un homme qui porte un nom ; et donc on ne peut pas prendre un baptême dans des titres ou fonctions et penser qu'on a la vie.

E. LA JUSTIFICATION

Suite à notre vie du passée, une justification est donc nécessaire, la pensée qu'exprime la justification lors d'un jugement est qu'elle annule l'état de fait d'une accusation.

La justification ne produit pas un acquittement par manque de preuves, mais elle signifie que celui qui est accusé n'est aucunement coupable et que toutes les inculpations contre lui ont été levées. Cela dit que l'accusé n'a commis aucun délit, il se présente à la barre tout simplement à cause de la plainte d'un accusateur, lequel n'a rien pu faire parce qu'il n'a rien pu prouver qui fût répréhensible contre l'accusé, la plainte étant retirée, le procurateur a du clore l'acte d'accusation par parce que les poursuites avaient cessé.

Puisque nous l'avons accepté sincèrement de tout notre cœur, avons reconnu notre culpabilité et avons résolu de suivre jésus par qui Dieu et l'homme ce sont rencontrés et réconciliés ;la position du juste est à nous et rien ni les anges ,ni les dominations, ni les choses présentes ,ni les choses à venir, ni les puissances, ni la hauteur, ni la profondeur, ni aucune autre créature même pas l'homme n'a eu pouvoir de nous rendre injuste aux yeux Dieu. Romains 8.1 +33 « *1.il n y donc aucune condamnation pour ceux qui sont en christ. 33. Qui accusera les élus de Dieu ? C'est Dieu qui justifie* ».

La foi dans la parole biblique donne la puissance pour saisir et persévérer dans l'exercice de la justice galates 3.24, tant que nous aurons la foi véritable manifeste dans nos œuvres, nous serons justes aux yeux de Dieu jacques 2.23-25, romains 2.13. « *Ce ne sont pas, en effet, ceux qui écoutent la loi qui sont justes devant Dieu, mais ce sont ceux qui la mettent qui seront justifiés* » Sans les œuvres de la justice ne sommes point agréables à Dieu Matthieu 25,32-46, jacques 2.21, hébreux 10.38, 1 jean 3.10 « *c'est par là que se font connaitre les enfants de Dieu et les enfants du diable. Quiconque ne pratique pas la justice n'est pas de Dieu, non plus que celui qui aime pas son frère*»

Celui à qui Dieu a parlé et qui a reçu la parole de promesse ne regarde plus a lui-même ni aux circonstances qui l'environnent, mais il croit de tout son cœur ce que Dieu a dit, il voit par la foi les choses promisses sans les avoir touchées pour autant et en donne la gloire à Dieu. Romains 5.18-19 « *ainsi donc, comme par une seule offense la condamnation a atteint tous les hommes, de même par un seul acte de justice la justification qui donne la vie s'étend à tous les hommes. Car comme par la désobéissance d'un seul homme beaucoup ont été rendus pécheurs, de même par l'obéissance d'un seul beaucoup seront rendus justes* »

F. <u>LA SANCTIFICTION</u>

Hébreux 12.14 « *recherchez la paix avec tous et la sanctification, sans laquelle ne verra le seigneur* » ;Jean 17.17 « *sanctifie-les par ta vérité :ta parole est vérité* » une lecture et une écoute récurrente de la vérité nous nettoie de toutes mauvaises connaissances ,toutes mauvaises pratiques et nous lie à la parole.

cette étape nous rend un et indivisible à la parole de vérité nous vide de tout ce qui peut être contraire à la parole et nous rend à mesure d'être prêt à recevoir la chose pour laquelle nous avons été vidé. 2 Timothée 2.21 « *si don quelqu'un se conserve pure, en s'abstenant de ces choses, il sera un vase d'honneur, sanctifié, utile à son maitre, propre à toute bonne œuvre*» sanctifié signifie donc nettoyez et mis à part pour le service, appelé à être saint pour recevoir le Saint-Esprit.

En cette étape précise le devoir d'un chrétien et de croire, vivre, prier et témoigner les écritures en tout temps 1 Timothée 4.5 et 2 corinthiens 7.1 « *ayant donc de telles promesses, bien-aimés, purifions-nous de tout souillure de la chaire et de l'esprit, en achevant notre sanctification dans la crainte de Dieu*», car le corps, l'âme et l'esprit sont nettoyés par la parole ainsi amène a une vie dans les limites de la parole. Ephésiens 2.10 « *car nous sommes son ouvrage, ayant été créés en jésus christ pour de bonnes œuvres, que Dieu a préparés d'avance, Afin que nous les pratiquions*»

On ne peut pas servir de l'eau à un visiteur dans un verre contenant de la boue, on se doit de ramener le verre dans la cuisine, le laver correctement et mettre de l'eau potable puis servir au visiteur ; nous chrétiens nous sommes des verres entre les mains de Dieu censés être utilisés pour servir l'eau de la parole aux assoiffés et cela par nos vies.

L'eau de la vie doit être servie dans des récipients digne et propre.

F. LE BAPTEME DU SAINT-ESPRIT

Tite 3.5 « *il nous a sauvé, non à cause des œuvres de la justice que nous aurions faites, mais selon sa miséricorde, par le baptême de la génération et le renouvellement du Saint-Esprit* »

Puisque nous avons acceptés par le baptême d'eau de suivre le seigneur Jésus-Christ ; lui a son tour nous accepte par le baptême du Saint-Esprit ou le baptême du feu.

Actes 2.38 «*pierre leur dit : repentez- vous, et que chacun de vous soit baptisé au nom de Jésus-Christ, pour le pardon e vos péchés ; et vous recevrez le don du Saint-Esprit* ».

Dieu confirme enfin que nous sommes son croyant ; Lui qui connait tout, l'omniscient et qui sonde les reins et les cœurs apocalypse 2.23, nous connaissant de par notre attitude, de par notre disposition, il nous marque de son sceau pour nous distinguer des autres, nous devenons une propriété privée soumise qu'aux affaires du père. 2 corinthiens 1.22 « *lequel nous a marqué d'un sceau et a mis dans nos cœurs les arrhes de l'esprit* » et 2 Timothée 2.19 *« néanmoins, le solide fondement de Dieu reste debout, avec ces parole qui lui servent de sceau : le seigneur connait ceux qui lui appartiennent, et. Quiconque prononce le nom du seigneur, qu'il s'éloigne de l'iniquité* »

Le Saint-Esprit c'est une portion de l'esprit puissante de Dieu ou la vie de Dieu qui vient s'incarner dans l'homme ,et dominer sur son esprit ,son corps et son âme, actes 2.17 « *dans les derniers jours, dit Dieu, je répandrai de mon esprit sur la chair ;vos fils et vos filles prophétiseront, vos jeunes gens auront des visions, et vos vieillards auront des songes* ». La vie de Jésus-Christ est la seule vie qui vainc le monde ,voilà pourquoi le Saint-

Esprit est impératif pour chaque véritable croyant qui veut dominer le monde et élevé à la droite de Dieu comme cohéritier du trône.

Comme un fer sans forme ,est jeté dans le feu qui va liquéfier le fer, puis après une nouvelle forme est donnée au fer ;une forme plus utile c'est exactement le même processus avec nous humains le Saint-Esprit nous donne une nouvelle forme ,honorifique, royale, glorifiée ,des habitudes nouvelles, une nouvelle direction...tournée vers le salut de l'âme.

Le Saint-Esprit nous enseigne, nous guide dans la droiture et la vérité afin de rester obéissant jusqu'à la possession finale, ainsi celui-ci nous confirme comme futur citoyen du ciel. Jean 14.16-20 « *et moi je prierai le père, il vous donnera un autre consolateur, afin qu'il demeure éternellement avec vous, l'esprit de vérité, que le monde ne peut recevoir, parce qu'il ne le voit point et ne le connait point, mais vous, vous le connaissez, car je vis, et vous vivrez aussi. En ce jour-là vous connaitrez que je suis en mn père, que vous êtes en moi, et que je suis en vous.* » Et jean 14.26 «*mais le consolateur, l'esprit saint, que le père enverra en mon nom, vous enseignera toutes choses, et vous rappellera tout ce que je vous ai dit* »

G. LA NOUVELLE NAISSANCE

Jean 3.3-5 « *jésus lui répondit : en vérité, en vérité, je te le dis, si un homme ne nait de nouveau, il ne peut voir le royaume de Dieu. Nicodème lui dit : comment un homme peut-il naitre quand il est vieux ? Peut-il rentrer dans le sein de sa mère et naitre ? Jésus répondit : en vérité, en vérité je te le dis, si un homme ne nait* ***d'eau et d'esprit****, il ne peut entrer dans le royaume de Dieu.* »

Lorsque on est passé correctement par le baptême d'eau et on est confirmé par le baptême du Saint-Esprit, cela fait de nous des nouvelles Creatures matures et mures physiquement comme spirituellement nous avons une nouvelle vie et donc une nouvelle direction. Toutes les futilités du monde qui avait de la valeur pour nous, nous le verrons comme de la boue. philippiens 3.8 « *et même je regarde toutes les choses comme une perte, à cause de l'excellence de la connaissance de Jésus-Christ mon seigneur, pour lequel j'ai renoncé à tout, et je les regarde come de la boue, afin de gagner* »

nous pouvons dire par là que la nouvelle naissance et le baptême du Saint-Esprit sont liés, lorsque qu'un homme tel qu'il vit en sa chair devient un croyant et reçoit la parole de Dieu en lui, le Saint-Esprit accomplit l'engendrement et apporte dans l'âme de cette personne une vie nouvelle et divine.

H. L'ADOPTION

Ephésiens 1.5 « *nous ayant prédestinés dans son amour à être ses enfants d'adoption par Jésus-Christ, selon le bon plaisir de sa volonté* »

Dieu nous donne les droits et l'autorité sur ses biens, nous devenons cohéritiers du trône de Jésus-Christ, lui héritier élevé divinement à la droite du père.

Romains 8.17 « *or, si nous sommes enfants, nous sommes aussi héritiers : héritiers de Dieu, et cohéritiers de christ, si toutefois nous souffrons avec lui, afin d'être glorifiés avec lui* »

Ici ,celui qui a marché avec christ et a demeuré dans l'obéissance totale de la foi, il a cru et a atteint la dimension ou l'âge mature ;celui-ci est placé alors là où il devrait se trouver, afin d'appliquer ou manifester l'autorité et les droits d'un fils de Dieu.

Cette adoption est t'autant plus physique que spirituelle.

4. AU SERVICE DE DEUX MAITRES

Matthieu 6.24 « *nul ne peut servir deux maitres .car ou il haïra l'un, et aimera l'autre ; où il s'attachera à l'un, et méprisera l'autre. Vous ne pouvez pas servir Dieu et mamon.* »

Un maitre est celui sur qui nous copions la vie, nous imitons les habitudes et comportements ; celui pour qui nous sommes une miniature, une doublure ou plutôt une représentation manifeste.

Un manguier à les racines d'un manguier, la tige d'un manguier et produit des mangues ; si cet arbre commence à produire d'autres fruits que les mangues ça veut dire que quelque part il y a eu une légère modification, Ainsi cet arbre ne peut plus porter le nom du manguier ; car l'arbre est connu par ses fruits. Matthieu 7.16+20.

Un chrétien est un messager, qui apporte au monde de par son comportement, son caractère, le message de Dieu. Notre comportement et notre caractère c'est sont des fruits qui démontrent d'où nous prenons racine, et donc si nous somme des chrétiens nous nous devons de manifester les fruits d'un chrétien et si nous ne le sommes pas nous devons manifester les fruits relatifs.

Mais si notre comportement et caractère manifestent les deux positions, cela veut-dire que nous sommes tout sauf un véritable croyant.il n'existe pas un eunuque au service de deux différents rois, sinon il transmettrait deux messages contradictoire et on ne saura le positionner ; un tel serviteur ou un tel chrétien est rejeté. Apocalypse 3.16 « *ainsi parce que tu es tiède, et que tu n'es ni froid ni bouillant, je te vomirai de ma bouche* »

On ne peut pas trouver un chrétien dans l'adultère(concerne les hommes et les femmes mariés),l'impudicité(tous les actes sexuelles immoraux multiples et divers avec des partenaires, hors du mariage),le meurtres(tuer des gens moralement, physiquement et spirituellement),les vols et le détournement, l'orgueil, la convoitise, le dérèglement, magie, la division , l'ivrognerie, ...même si il s'appelle chrétien et confesse christ, il ne fait qu'appliquer une lotion de consolation personnelle qui ne fait que l'enfoncer lentement et surement dans les ténèbres ;cette vie est réservée au non chrétien.

Celui qui a une position froide peut vouloir dans le futur devenir chaud et vice-versa ;celui qui pense être froid tout en étant chaud ou qui pense être chaud tout en étant froid est perdu d'avance car son vouloir ne sera que fiction ou illusion ;quand également a celui qui n'est ni chaud, ni froid c'est-à-dire lui est confondu de deux côtés ,il est non voulu par Dieu, non identifié par le diable ,mais accepté cas même par celui-ci pour la manipulation et le dérangement des fils et filles de Dieu, bref il devient juste un instrument utilisé par le diable avec une grande fréquence.

Un véritable chrétien ne peut pas avoir deux maitres il ne l'est pas d'office.

5. JESUS-CHRIST REVEINT BIENTÖT

Apocalypse 22.20 « *celui qui atteste ces choses dit : oui, je viens bientôt. Amen, seigneur jésus !*»

Nombreux sont ceux qui voile la bible comme un simple livre, écrit pour rien du tout, au contraire la bible dans le monde est le seul livre qui explique avec exactitude le commencement de toute existence, le déroulement et la fin de toute existence sur terre. Apocalypse 21.6 et Apocalypse 22.13 «*je suis l'alpha et l'oméga, le premier et le dernier, le commencement et la fin* ».

Celle-ci nous enseigne qu'après cette vie sur terre, une autre vie nous attend relative à celle que nous vivons actuellement. Tout celui qui a écouté, cru et obéit a toute la loi biblique méritera le paradis apocalypse 2.7 « *que celui qui a des oreilles entende ce que l'esprit dit aux Eglises : à celui qui vaincra je donnerai à manger d l'arbre de vie, qui est dans le paradis de Dieu* » et celui qui a vécu le contraire méritera le contraire c'est-à-dire l'enfer. Marc16.16 «*celui qui croira et qui sera baptisé sera sauvé, mais celui quine croira pas sera condamné.* ».

« **Jésus-Christ revient bientôt** » cette phrase est prononcée par plusieurs depuis la nuit de temps, mais cette promesse biblique a pris de nos jours son sens car les signes précurseurs s'accomplissent Matthieu 24,3-14 «*il s'assit sur la montagne des oliviers.et les disciples vinrent en particulier lui faire cette question : dis-nous, quand cela arrivera-t-il, et quel sera le signe de ton avènement et de la fin du monde ?jésus leur répondit : prenez garde que personne ne vous séduise. Car plusieurs viendront sous mon nom, disant : c'est moi qui suis christ le christ. Et ils séduiront beaucoup de gens. Vous entendrez parler des guerres et de bruits de guerres : gardez-vous d'être troublés, car il faut que ces choses arrivent. Mais ce ne sera pas encore la fin. Une nation s'élèvera contre une nation, et un royaume, et il y'aura, en divers lieux, des famines et des tremblements de terre. Tout cela ne sera que le commencement des douleurs. Alors on vous livrera aux tourments, et l'on vous fera mourir ; et vous serez hais de toutes les nations, à cause de mon nom. Alors aussi plusieurs succomberont, et ils se trahiront, se haïront les uns les autres. Plusieurs faux prophètes s'élèveront, et ils séduiront beaucoup de gens.et parce que l'iniquité se sera accrue, l'amour du plus grand nombre se refroidira. Mais celui qui préservera jusqu'à la fin sera sauvé. Cette bonne nouvelle du royaume sera prêchée dans le monde entier, pour servir de témoignage à toutes les nations, alors viendra la fin.* » ces écritures s'accomplissent sous nos yeux ,le tremblement de terre le 12 janvier 2010 en Haïti, puisant de magnitude 7,provoquant de dizaines de milliers de morts ; la famine en somalie, Haïti, république centre africaine ,Syrie, Yémen, soudan du sud… ;le violent séisme de Fukushima en mars 2011,provoquant un tsunami ; l'une de raison de la disparition par le feu de la ville de Sodome et Gomorrhe **l'homosexualité** qui est depuis 2013 jusqu'à nos jours est adopté par certains pays du monde de façon officiel ; les attentats répétés dans les continents ; la pandémie de covid 19 ,cette maladie qui depuis 2019 à nos jours ne cesse e tuer de gens, cette maladie a emporté 6.33 millions des morts ;la guerre à l'est de la république démocratique du Congo qui depuis plus de deux décennies bien que les évaluations sont très variables et très compliqués à faire, on estime à plus de 6 millions des morts ;le changement climatique annonçant une fin propice ; le grondement de volcan annonçant la lassitude de la terre ;le temps qui s'abrège a-t-elle enseigne que les 24 heures d'une journée passent si vite ;la guerre en Ukraine contre la Russie ;le soulèvement répétés de petites puissances face au grande puissance ;une multiplicité des églises, des hommes de Dieu et de nouvelle doctrine, l'abomination et autres ;pendant ce temps la parole de Dieu va jusqu'à atteindre tous les pays du monde.

Il est plus tard qu'on ne le pense.

Que celui qui se souille se souille d'avantage que celui qui se sanctifie se sanctifie d'avantage. Apocalypse 22.11-12 « *que celui qui est injuste soit encore injuste, que celui qui est souillé se souille encore ; et que le juste pratique encore la justice, et que celui qui est saint se sanctifie encore*»

Celui qui a toujours douté, devra croire et accepte Jésus-Christ comme seigneur et sauveur actes 2.38-39 « *pierre leur dit : repentez-vous, et que chacun de vous soit baptisé au nom de Jésus-Christ, pour le pardon de vos péchés ; et vous recevrez le do su Saint-Esprit*», celui qui a toujours mis les affaires de Dieu sur une autre position que la première, se conforme. Apocalypse 2.4 « *mais ce que j'ai contre toi, c'est que tu as abandonné ton premier amour*»

Celui qui a un pied dedans et un autre pied dehors se positionne concrètement Luc 16.13 « *nul ne peut servir deux maitres. Car, il haïra l'un et aimera l'autre ; ou il s'attachera à l'un et méprisera l'autre. Vous ne pouvez servir Dieu et mamon*» et que celui est sur la bonne voie persévère. Matthieu 24.13 «*mais celui qui persévéra jusqu'à la fin sera sauvé*»

Cher(e) lecteur ou lectrice

-veux-tu renouveler ton engagement avec Jésus-Christ ?

-veux-tu donner ta vie sincèrement à Jésus-Christ ?

-veux-tu cette fois-ci servir Dieu sans mélange ?

-acceptes-tu de préserver dans la foi jusqu'à sa proche venue ?

Faites part de tout ceci a votre berger, si vous en avez pas trouvez une église proche et confiez-vous au berger de l'assemblée ; faites-moi aussi par pt de votre décision, car c'est un grand témoignage.

6. CONFESSION INTIME

Cher(e)s frères et sœurs je vois ai laissés volontairement ces pages suivantes vides, afin qu'après la lecture et méditation , vous écrivez les points sur lesquels vous avez failli ou plutôt les péchés qui vous ont toujours gagnés. Puis en suite faites-en une prière, si cela ne vous quitte pas appliquer jacques 5.14-15 « *quelqu'un parmi vous est-il malade ?qu'il appelle les anciens de l'église ,et que les anciens prient pour lui, en l'oignant d'huile au nom du seigneur, la prière de la foi sauvera le malade ,et le seigneur le relèvera ,et s'il a commis des péchés, il lui sera pardonné.* ».

Avoir une mauvaise vie est synonyme d'être malade. Mathieu 9.10-13 « *comme jésus était à table dans la maison, voici beaucoup de publicains et de gens de mauvaise vie vinrent se mettre à table avec lui et avec ses disciples. Les pharisiens virent cela, et ils dirent à ses disciples : pourquoi votre maitre mange-t-il avec les publicains et les gens de mauvaise vie ? Ce que jésus ayant entendu, il dit : ce ne sont pas ceux qui se portent bien qui ont de médecin, mais les malades. Allez, et apprenez ce que signifie : je prends plaisir à la miséricorde, et non aux sacrifices. Car je ne suis pas venu appeler des justes, mais des pécheurs.*»

QUE DIEU VOUS BENISSE RICHEMENT

....
....
....
....
....
....
....
....
....
....
....
....
....
....
....
....
....
....
....
....

CONCLUSION

Après avoir accepté Jésus-Christ comme seigneur et sauveur, nous nous devons étant chrétien de le tenir proche de nous en manifestant alors les œuvres de la vie ainsi tenir le diable et ses ouvres éloigné de nous.

Accepter Jésus-Christ comme seigneur et sauveur, est une responsabilité sans comparable ; il eut serait de ne pas l'accepter et vivre comme sa nous chante que de l'accepter et de vivre avec sabotage, cela serait, rajouter peine sur peines.

Nous savons aussi qu'il n'est pas facile, qu'il n'est pas facile de vivre ou d'assumer, cette lourde charge, alors que les influences du monde s'accentuent, la faiblesse du corps se manifeste et l'adoration en esprit et en vérité c'est-à-dire une adoration pure et saine se raréfie.

Un seul, un seul est venu sur terre, à rencontrer toutes les difficultés de la terre ; sa totale obéissance à fait de lui un fils bien aimé et la puissance a fait de lui le vainqueur du monde, voilà pourquoi sur la croix de Golgotha, son père l'a déchiré afin que la vie de vainqueur qui était en lui soit déversée dans les âmes disposées, pour qu'enfin elles puissent vaincre le monde à leurs tour.

Et donc, la seule façon de vaincre et d'inviter sincèrement le seigneur Jésus-Christ, à venir s'installer sur le trône de notre cœur comme maitre, et dans nos vies comme roi jean 17.22-23 « *je leur ai donné la gloire que tu m'as donnée, afin qu'ils soient un comme nous sommes un, moi en eux, et toi en moi,-afin qu'ils soient parfaitement un, et que le monde connaisse que tu m'as envoyé et que tu les as aimés comme tu m'as aimé* »; c'est lorsque nous serons un avec lui, que nous pourrions dire à notre tour comme Paul, ce n'est plus moi qui vit c'est christ qui vit en moi, Galates 2.20, ainsi nous allons manifester les mêmes œuvres comme jésus.

Etant chrétien si nous avons la connaissance d'assumer à bien nos devoirs, qu'est-ce qui peut donc nous retenir si ce n'est une semence contraire! Chargeons-nous chacun de sa croix et suivons notre Dieu, Jésus-Christ de Nazareth. Philippiens 2.12-16. « *Ainsi, mes bien-aimés, comme vous avez toujours obéi, travaillez à votre salut avec crainte et tremblement, non seulement comme en ma présence, mais bien plus encore maintenant que je suis absent ; car c'est Dieu qui produit en vous le vouloir et le faire, selon son bon plaisir. Faites toutes choses sans murmures ni hésitations, afin que vous soyez irréprochables et purs, des enfants de Dieu irrépréhensibles au milieu d'une génération perverse et corrompue, parmi laquelle vous brillez comme des flambeaux dans le monde, portant la parole de vie ; et je pourrai me glorifier, au jour de christ, de n'avoir pas couru en vain ni travaillé en vain.* ».

TABLE DES MATIERES

Printed by Books on Demand GmbH, Norderstedt / Germany